아래 색종이를 떼어 실천하기에 붙이세요.
점점 색종이를 위 칸에 붙일 수 있도록 해야겠지요.

유아
인성교육 만세

유아 인성교육 만세

초판 1쇄 인쇄 | 2016년 9월 1일
초판 1쇄 발행 | 2016년 9월 5일

지은이 | 윤문원
펴낸이 | 옥남조
본문디자인 | 최은숙
표지디자인 | 행복한물고기
삽화 | 신혁

펴낸곳 | 씽크파워
출판등록 | 2005년 10월 21일 제393-2005-15호
주소 | 서울특별시 동작구 현충로 22길 44-6, 201호
전화 | 02-817-8046
팩스 | 02-817-8047
이메일 | mwyoon21@hanmail.net

ISBN 979-11-85161-17-4 (73190)

* 잘못된 책은 바꿔드립니다.
* 책값은 뒤표지에 있습니다.

ⓒ 윤문원, 2016, Printed in Korea.

유치원생·어린이집 원아 인성 도서

유아 인성교육 만세

지은이 윤문원 | 그린이 신혁

씽크파워

차례

내가 가져야 할 좋은 인성   10

배려

배려란 무엇일까요?	12
배려하는 사람은 어떤 사람일까요?	14
배려하면 어떻게 될까요?	16
[실천하기] 배려하는 행동에는 어떤 것이 있을까요?	18
배려 이야기 | 시각장애인이 들고 있는 등불	28

존중

존중이란 무엇일까요?	30
존중에는 어떤 종류가 있을까요?	32
나를 존중하는 것은 무엇일까요?	34
왜 나를 존중해야 할까요?	36
다른 사람을 존중하는 것은 무엇일까요?	38
왜 다른 사람을 존중해야 할까요?	40
[실천하기] 존중하는 행동에는 어떤 것이 있을까요?	42
존중 이야기 | 다문화 친구	48

협력

협력이란 무엇일까요? 50
왜 협력해야 할까요? 52
[실천하기] 협력하는 행동에는 어떤 것이 있을까요? 54
협력 이야기 | 자동차 한 대 만들기 62

나눔

나눔이란 무엇일까요? 64
나눔에는 어떤 것이 있을까요? 66
왜 나눔을 해야 할까요? 68
[실천하기] 나눔을 실천하는 행동에는 어떤 것이 있을까요? 70
나눔 이야기 | 마더 테레사 76

질서

질서란 무엇일까요?	78
왜 질서를 지켜야 할까요?	80
[실천하기] 질서를 지키는 행동에는 무엇이 있을까요?	82
[실천하기] 안전한 행동에는 어떤 것이 있을까요?	88
질서 이야기 | 부모님과의 외출	94

효도

효도란 무엇일까요?	96
왜 효도를 해야 할까요?	98
[실천하기] 효도하는 행동에는 어떤 것이 있을까요?	100
효도 이야기 | 효도에 대한 공자 말씀	114

예절

예절이란 무엇일까요?	116
왜 예절을 지켜야 할까요?	118
어떻게 해야 예절 바른 사람이 될까요?	120
[실천하기] 예절 바른 행동에는 어떤 것이 있을까요?	122
예절 이야기	예절 바른 아이	126

습관

습관이란 무엇일까요?	130
왜 좋은 습관을 가져야 할까요?	132
좋은 습관을 어떻게 기르나요?	134
[실천하기] 좋은 습관을 기르는 행동에는 어떤 것이 있나요?	136
습관 이야기	네 그루의 나무뿌리	142

인성 나라 여덟 천사　　　　　　　　　146

내가 가져야 할
좋은 인성

배려 란 무엇일까요?

내가 사랑하는 동생을 보살펴주는 행동입니다.

가족이나 선생님이나 친구를 도와주는 행동입니다.

가족이나 선생님이나 친구를 기쁘게 하는 행동입니다.

배려하는 사람은 어떤 사람일까요?

마음이 아름다운 사람입니다.
마음이 따뜻한 사람입니다.
마음이 착한 사람입니다.

배려하면 어떻게 될까요?

가족이나 선생님이나 친구를 기쁘게 합니다.
가족이나 선생님이나 친구와 사이가 좋아집니다.
내 마음도 즐거워집니다.
행복하고 기쁨이 넘칩니다.

실천하기 — 배려하는 행동에는 어떤 것이 있을까요?

실천하기 1

문을 닫을 때 큰소리가 나지 않도록 살며시 닫습니다.

🌱 나는 잘하고 있는지 생각해 봅시다.

잘하고 있으며 앞으로 더욱 잘할 것입니다	
잘하고 있지 않지만 지금부터 잘할 것입니다	
앞으로도 잘하지 못할 것 같습니다	

실천하기 2

추울 때는 창문을 닫습니다.

💜 나는 잘하고 있는지 생각해 봅시다.

잘하고 있으며 앞으로 더욱 잘할 것입니다	
잘하고 있지 않지만 지금부터 잘할 것입니다	
앞으로도 잘하지 못할 것 같습니다	

배려

실천하기 3

무거운 물건을 함께 들어줍니다.

🍇 나는 잘하고 있는지 생각해 봅시다.

잘하고 있으며 앞으로 더욱 잘할 것입니다	
잘하고 있지 않지만 지금부터 잘할 것입니다	
앞으로도 잘하지 못할 것 같습니다	

실천하기 4

가족이나 손님이 벗어놓은 신발을 신기 편하게 방향을 돌려놓습니다.

💜 나는 잘하고 있는지 생각해 봅시다.

잘하고 있으며 앞으로 더욱 잘할 것입니다	
잘하고 있지 않지만 지금부터 잘할 것입니다	
앞으로도 잘하지 못할 것 같습니다	

배려

실천하기 5

식사 후에 그릇을 싱크대에
갖다 놓습니다.

🍇 나는 잘하고 있는지 생각해 봅시다.

잘하고 있으며 앞으로 더욱 잘할 것입니다	
잘하고 있지 않지만 지금부터 잘할 것입니다	
앞으로도 잘하지 못할 것 같습니다	

실천하기 6

가족의 휴대전화를 충전해줍니다.

💭 나는 잘하고 있는지 생각해 봅시다.

잘하고 있으며 앞으로 더욱 잘할 것입니다	
잘하고 있지 않지만 지금부터 잘할 것입니다	
앞으로도 잘하지 못할 것 같습니다	

실천하기

가족이 평소 복용하는 약을 시간에 맞춰 챙겨줍니다.

🍇 나는 잘하고 있는지 생각해 봅시다.

잘하고 있으며 앞으로 더욱 잘할 것입니다	
잘하고 있지 않지만 지금부터 잘할 것입니다	
앞으로도 잘하지 못할 것 같습니다	

실천하기 8

비가 올 때 우산을 가져오지 않은 친구와 함께 우산을 씁니다.

🍇 나는 잘하고 있는지 생각해 봅시다.

잘하고 있으며 앞으로 더욱 잘할 것입니다	
잘하고 있지 않지만 지금부터 잘할 것입니다	
앞으로도 잘하지 못할 것 같습니다	

배려

실천하기 9

길을 묻는 사람에게 친절하게 가르쳐 줍니다.

🍇 나는 잘하고 있는지 생각해 봅시다.

잘하고 있으며 앞으로 더욱 잘할 것입니다	
잘하고 있지 않지만 지금부터 잘할 것입니다	
앞으로도 잘하지 못할 것 같습니다	

🌼 배려하는 행동에는 어떤 것이 더 있는지 말해 봅시다.

🌸 나는 배려를 잘하는 사람인지 생각해 봅시다.

🌼 나는 가족이나 선생님이나 친구를 위해 어떤 배려를 하고 있는지 말해 봅시다.

🌸 내가 앞으로 가족이나 선생님이나 친구를 위해 어떤 배려를 할 것인지 말해 봅시다.

배려 이야기

시각장애인이 들고 있는 등불

평소에 남을 배려하는 사람이 눈을 다쳐 앞을 보지 못하는 시각장애인이 되었습니다. 그 사람은 한 손에 등불을 들고 어두컴컴한 시골길을 걷고 있었습니다.

그때 마주 오던 마을 사람이 그에게 말했습니다.

"앞을 보지 못하면서 등불은 왜 들고 다닙니까?"

그러자 시각장애인이 말했습니다.

"마주 오는 사람이 나와 부딪히지 않게 하려고 그럽니다. 이 등불은 나를 위한 것이기보다는 다른 사람을 위한 것입니다."

🌸 이야기를 읽고 난 느낌을 말해 봅시다.

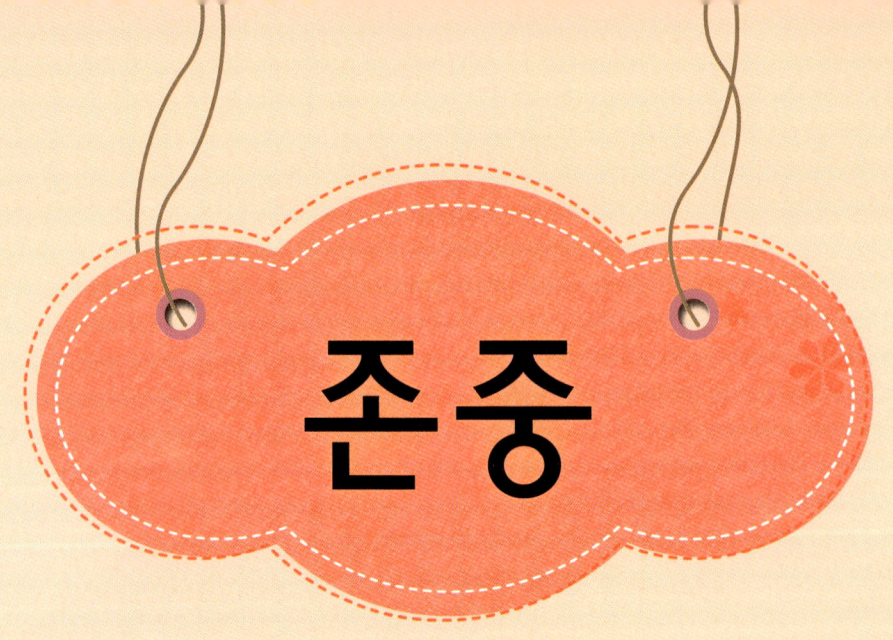

존중

존중 이란 무엇일까요?

귀중하게 생각하는 것입니다.
높이 받드는 것입니다.

존중에는 어떤 종류가 있을까요?

나를 존중하는 것이 있습니다.
가족을 존중하는 것이 있습니다.
선생님을 존중하는 것이 있습니다.
친구를 존중하는 것이 있습니다.
다른 사람을 존중하는 것이 있습니다.

나를 존중하는 것은 무엇일까요?

나를 소중하게 생각하는 것입니다.

나를 사랑하는 것입니다.

나를 믿는 것입니다.

왜 나를 존중해야 할까요?

나는 할 수 있다는 자신감을 가질 수 있습니다.
내가 하고 싶은 꿈을 향해 나아갈 수 있습니다.
나를 존중해야 다른 사람을 존중할 수 있습니다.

다른 사람을 존중하는 것은 무엇일까요?

가족, 선생님, 친구에게 관심을 가지는 것입니다.

가족, 선생님, 친구를 좋아하는 것입니다.

가족, 선생님, 친구를 귀중하게 생각하는 것입니다.

가족, 선생님, 친구를 믿는 것입니다.

왜 다른 사람을 존중해야 할까요?

가족, 선생님, 친구와 사이가 좋아집니다.

친구가 나와 사귀기를 원하게 됩니다.

친구도 나를 존중하게 됩니다.

실천하기 존중하는 행동에는 어떤 것이 있을까요?

실천하기 10

가족이나 선생님이나 친구가 말하는 것을 잘 들어줍니다.

🌱 나는 잘하고 있는지 생각해 봅시다.

잘하고 있으며 앞으로 더욱 잘할 것입니다	
잘하고 있지 않지만 지금부터 잘할 것입니다	
앞으로도 잘하지 못할 것 같습니다	

실천하기 11

가족이나 선생님이나 친구에게
고운 말을 씁니다.

🍇 나는 잘하고 있는지 생각해 봅시다.

잘하고 있으며 앞으로 더욱 잘할 것입니다	
잘하고 있지 않지만 지금부터 잘할 것입니다	
앞으로도 잘하지 못할 것 같습니다	

존중

실천하기 12

시간 약속을 잘 지킵니다.

🍇 나는 잘하고 있는지 생각해 봅시다.

잘하고 있으며 앞으로 더욱 잘할 것입니다	
잘하고 있지 않지만 지금부터 잘할 것입니다	
앞으로도 잘하지 못할 것 같습니다	

실천하기 13

가난한 친구의 형편을 헤아려줍니다.

🍇 나는 잘하고 있는지 생각해 봅시다.

잘하고 있으며 앞으로 더욱 잘할 것입니다	
잘하고 있지 않지만 지금부터 잘할 것입니다	
앞으로도 잘하지 못할 것 같습니다	

존중

실천하기 14

다문화 가정 친구의 행동을 이해합니다.

🍇 나는 잘하고 있는지 생각해 봅시다.

잘하고 있으며 앞으로 더욱 잘할 것입니다	
잘하고 있지 않지만 지금부터 잘할 것입니다	
앞으로도 잘하지 못할 것 같습니다	

✿ 존중하는 행동에는 어떤 것이 더 있는지 말해 봅시다.

✺ 나는 나를 존중하고 있는지 생각해 봅시다.

✿ 나는 다른 사람을 존중하고 있는지 생각해 봅시다.

✺ 내가 하고 있는 존중 행동을 말해 봅시다.

존중 이야기

다문화 친구

훈주는 재희와 유치원에서 친하게 지냅니다.
재희의 아버지는 한국 사람이고 어머니는 외국 사람입니다.
얼마 전까지 유치원생들이 자기들과 다르게 생겼다고 재희를 놀리곤 했습니다. 하지만 훈주가 나서서 "그러면 안 된다"고 하여 이제는 놀리는 유치원생들이 없습니다.
훈주는 재희가 말하는 것을 잘 들어줍니다.
재희의 여러 습관이 훈주와는 다릅니다.
훈주는 재희가 다문화 가족이기 때문에 자기와 다르다고 생각하고 받아들이면서 친하게 지내고 있습니다.

🍇 이야기를 읽고 난 느낌을 말해 봅시다.

협력

협력 이란 무엇일까요?

함께 하는 것입니다.
서로 힘을 합하는 것입니다.
서로 돕는 것입니다.

왜 협력해야 할까요?

혼자서는 할 수 없는 일을 해낼 수 있습니다.
혼자 하는 것보다 쉽게 더 잘할 수 있습니다.
다른 사람이 하는 것을 보고 배울 수 있습니다.

실천하기 협력하는 행동에는 어떤 것이 있을까요?

실천하기 15

무거운 물건을 함께 듭니다.

💬 나는 잘하고 있는지 생각해 봅시다.

잘하고 있으며 앞으로 더욱 잘할 것입니다	
잘하고 있지 않지만 지금부터 잘할 것입니다	
앞으로도 잘하지 못할 것 같습니다	

실천하기 16

어려운 과제물을 친구와 함께합니다.

🍇 나는 잘하고 있는지 생각해 봅시다.

잘하고 있으며 앞으로 더욱 잘할 것입니다	
잘하고 있지 않지만 지금부터 잘할 것입니다	
앞으로도 잘하지 못할 것 같습니다	

협력

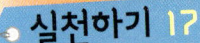
실천하기 17

합창할 때 협력하여 아름다운 화음을 냅니다.

💜 나는 잘하고 있는지 생각해 봅시다.

잘하고 있으며 앞으로 더욱 잘할 것입니다	
잘하고 있지 않지만 지금부터 잘할 것입니다	
앞으로도 잘하지 못할 것 같습니다	

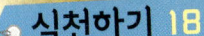

운동 경기에서 협력하여 승리합니다.

🍇 나는 잘하고 있는지 생각해 봅시다.

잘하고 있으며 앞으로 더욱 잘할 것입니다	
잘하고 있지 않지만 지금부터 잘할 것입니다	
앞으로도 잘하지 못할 것 같습니다	

실천하기 19

동화연극을 할 때
맡은 역을 열심히 합니다.

🍇 나는 잘하고 있는지 생각해 봅시다.

잘하고 있으며 앞으로 더욱 잘할 것입니다	
잘하고 있지 않지만 지금부터 잘할 것입니다	
앞으로도 잘하지 못할 것 같습니다	

실천하기 20

집안 일을 식구들이 함께 합니다.

🍇 나는 잘하고 있는지 생각해 봅시다.

잘하고 있으며 앞으로 더욱 잘할 것입니다	
잘하고 있지 않지만 지금부터 잘할 것입니다	
앞으로도 잘하지 못할 것 같습니다	

실천하기 21

협력해 주는 사람에게 감사하다는 말을 합니다.

💜 나는 잘하고 있는지 생각해 봅시다.

잘하고 있으며 앞으로 더욱 잘할 것입니다	
잘하고 있지 않지만 지금부터 잘할 것입니다	
앞으로도 잘하지 못할 것 같습니다	

❁ 나는 협력을 잘하는 사람인지 생각해 봅시다.

❋ 협력하는 행동에는 어떤 것이 더 있는지 말해 봅시다.

❁ 내가 협력한 일에 대하여 말해 봅시다.

❋ 누구와 협력하고 싶은지 그 이유를 말해 봅시다.

협력 이야기

자동차 한 대 만들기

우리는 자동차를 타고 다닙니다. 자동차는 많은 사람이 협력하여 만든 것입니다. 자동차는 혼자서는 절대로 만들 수 없습니다.

강철로 된 차의 몸체를 만드는 사람, 핸들을 만드는 사람, 바퀴를 만드는 사람, 타이어를 만드는 사람, 속도계를 만드는 사람, 전조등을 만드는 사람 등등 수많은 사람의 협력이 있어야 자동차가 만들어집니다.

🍇 이야기를 읽고 난 느낌을 말해 봅시다.

나눔

나눔 이란 무엇일까요?

가진 것을 나누어 주는 것입니다.
가진 것을 베푸는 것입니다.
따뜻한 마음을 전하는 것입니다.

나눔에는 어떤 것이 있을까요?

돈이나 물건 등 물질적인 것이 있습니다.
사랑이나 위로 격려 등 정신적인 것이 있습니다.
일을 도와주는 노동이 있습니다.
자신이 잘하는 일을 나누는 재능이 있습니다.

왜 나눔을 해야 할까요?

우리가 사는 세상은 혼자가 아니기 때문입니다.
다 함께 잘 살기 위해서입니다.
우리가 사는 세상을 따뜻하고 아름답게 하기 때문입니다.

실천하기 나눔을 실천하는 행동에는 어떤 것이 있을까요?

실천하기 22

나는 남을 도울 수 있는 사람이라고 생각합니다.

🍇 나는 잘하고 있는지 생각해 봅시다.

잘하고 있으며 앞으로 더욱 잘할 것입니다	
잘하고 있지 않지만 지금부터 잘할 것입니다	
앞으로도 잘하지 못할 것 같습니다	

● 실천하기 23

용돈을 아껴 추운 겨울에 불우한 이웃을 위해 기부합니다.

🍇 나는 잘하고 있는지 생각해 봅시다.

잘하고 있으며 앞으로 더욱 잘할 것입니다	
잘하고 있지 않지만 지금부터 잘할 것입니다	
앞으로도 잘하지 못할 것 같습니다	

실천하기 24

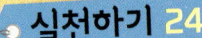

친구들과 노인정을 찾아가 노래와 동화연극을 하여 어르신들을 기쁘게 해드립니다.

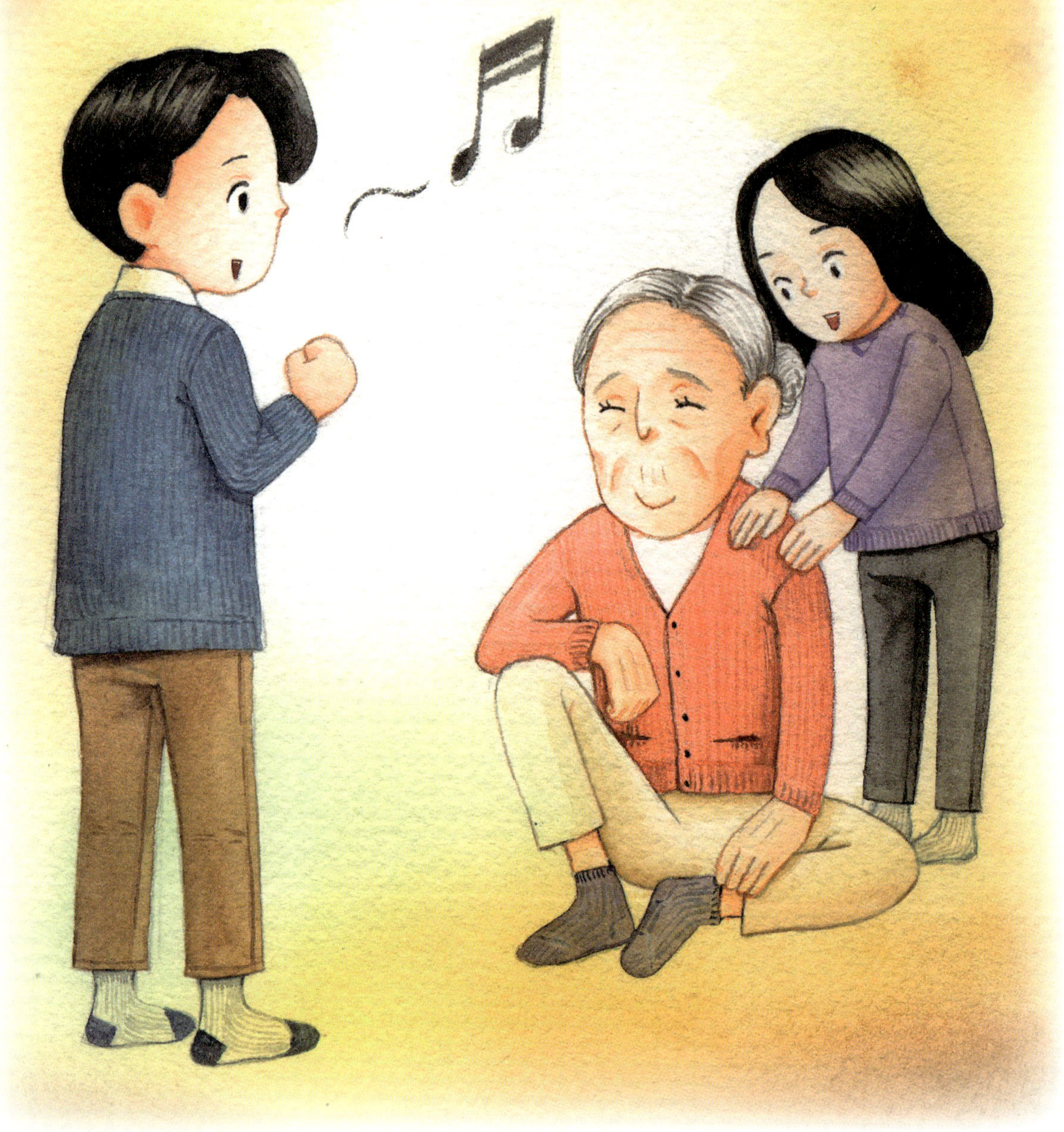

❦ 나는 잘하고 있는지 생각해 봅시다.

잘하고 있으며 앞으로 더욱 잘할 것입니다	
잘하고 있지 않지만 지금부터 잘할 것입니다	
앞으로도 잘하지 못할 것 같습니다	

실천하기 25

친구가 힘들 때 옆에서 위로하며 도와줍니다.

🍇 나는 잘하고 있는지 생각해 봅시다.

잘하고 있으며 앞으로 더욱 잘할 것입니다	
잘하고 있지 않지만 지금부터 잘할 것입니다	
앞으로도 잘하지 못할 것 같습니다	

실천하기 26

몸이 불편한 어르신의
심부름을 합니다.

🍇 나는 잘하고 있는지 생각해 봅시다.

잘하고 있으며 앞으로 더욱 잘할 것입니다	
잘하고 있지 않지만 지금부터 잘할 것입니다	
앞으로도 잘하지 못할 것 같습니다	

🌼 나눔을 실천하는 행동에는 어떤 것이 더 있는지 말해 봅시다.

🌸 나는 나눔을 잘하는 사람인지 생각해 봅시다.

🌼 내가 나눔을 실천한 것을 말해 봅시다.

🌸 가족이나 선생님이나 친구가 나에게 나누어 준 것을 말해 봅시다.

나눔 이야기

마더 테레사

마더 테레사 수녀는 1950년 인도 콜카타에 〈사랑의 선교회〉를 세웠습니다. 〈사랑의 선교회〉는 가난한 사람과 병이 든 사람과 부모가 없는 고아와 죽어가는 사람을 돕고 사랑을 베풀었습니다.
슬픔에 빠진 사람을 위로했습니다. 눈먼 사람에게 책을 읽어주었습니다. 배가 고픈 사람에게는 밥을 제공했습니다.
마더 테레사 수녀는 이런 공로로 받은 노벨평화상 상금을 가난한 사람들을 위한 집을 짓는 데 기부했습니다.

🌸 이야기를 읽고 난 느낌을 말해 봅시다.

질서

질서 란 무엇일까요?

우리가 모두 함께 한 약속입니다.
공중도덕을 잘 지키는 것입니다.
정해진 규칙을 잘 지키는 것입니다.

왜 질서를 지켜야 할까요?

우리의 생명과 재산을 지킵니다.
우리가 사는 세상을 지키고 발전시킵니다.
모두 함께 자유롭고 평화로운 생활을 할 수 있습니다.
다 함께 안전하고 행복한 생활을 할 수 있습니다.

실천하기

질서를 지키는 행동에는 무엇이 있을까요?

실천하기 27

줄서기를 잘하고 순서를 잘 지킵니다.

🍇 나는 잘하고 있는지 생각해 봅시다.

잘하고 있으며 앞으로 더욱 잘할 것입니다	
잘하고 있지 않지만 지금부터 잘할 것입니다	
앞으로도 잘하지 못할 것 같습니다	

실천하기 28

쓰레기를 함부로 버리지 않습니다.

🍇 나는 잘하고 있는지 생각해 봅시다.

잘하고 있으며 앞으로 더욱 잘할 것입니다	
잘하고 있지 않지만 지금부터 잘할 것입니다	
앞으로도 잘하지 못할 것 같습니다	

질서

실천하기 29

도서관이나 여러 사람이 모인 곳에서 시끄러운 행동을 하지 않습니다.

🌱 나는 잘하고 있는지 생각해 봅시다.

잘하고 있으며 앞으로 더욱 잘할 것입니다	
잘하고 있지 않지만 지금부터 잘할 것입니다	
앞으로도 잘하지 못할 것 같습니다	

실천하기 30

공공 시설물을 고장 내거나 더럽히지 않습니다.

🌿 나는 잘하고 있는지 생각해 봅시다.

잘하고 있으며 앞으로 더욱 잘할 것입니다	
잘하고 있지 않지만 지금부터 잘할 것입니다	
앞으로도 잘하지 못할 것 같습니다	

실천하기 31

거리에 껌이나 침을 뱉지 않습니다.

💜 나는 잘하고 있는지 생각해 봅시다.

잘하고 있으며 앞으로 더욱 잘할 것입니다	
잘하고 있지 않지만 지금부터 잘할 것입니다	
앞으로도 잘하지 못할 것 같습니다	

❁ 질서를 지키는 행동에는 어떤 것이 더 있는지 말해 봅시다.

✹ 나는 질서를 잘 지키는지 생각해 봅시다.

❁ 내가 잘 지키는 질서는 어떤 것이 있는지 말해 봅시다.

✹ 내가 다니는 유치원이나 어린이집의 규칙을 말해 봅시다.

❁ 내가 다니는 유치원이나 어린이집의 규칙을 잘 지키고 있는지 말해 봅시다.

실천하기

안전한 행동에는 어떤 것이 있을까요?

실천하기 32

횡단보도를 건널 때 교통신호를 잘 지킵니다.

💭 나는 잘하고 있는지 생각해 봅시다.

잘하고 있으며 앞으로 더욱 잘할 것입니다	
잘하고 있지 않지만 지금부터 잘할 것입니다	
앞으로도 잘하지 못할 것 같습니다	

실천하기 33

차, 지하철, 엘리베이터, 에스컬레이터를 안전하게 탑니다.

🍇 나는 잘하고 있는지 생각해 봅시다.

잘하고 있으며 앞으로 더욱 잘할 것입니다	
잘하고 있지 않지만 지금부터 잘할 것입니다	
앞으로도 잘하지 못할 것 같습니다	

실천하기 34

바닷가, 강가, 수영장에서 물놀이를 할 때 안전하게 합니다.

🍇 나는 잘하고 있는지 생각해 봅시다.

잘하고 있으며 앞으로 더욱 잘할 것입니다	
잘하고 있지 않지만 지금부터 잘할 것입니다	
앞으로도 잘하지 못할 것 같습니다	

실천하기 35

운동할 때는 다치지 않도록
안전한 복장을 합니다.

🌱 나는 잘하고 있는지 생각해 봅시다.

잘하고 있으며 앞으로 더욱 잘할 것입니다	
잘하고 있지 않지만 지금부터 잘할 것입니다	
앞으로도 잘하지 못할 것 같습니다	

실천하기 36

심한 장난을 치지 않습니다.

🍇 나는 잘하고 있는지 생각해 봅시다.

잘하고 있으며 앞으로 더욱 잘할 것입니다	
잘하고 있지 않지만 지금부터 잘할 것입니다	
앞으로도 잘하지 못할 것 같습니다	

✿ 안전을 실천하는 행동에는 어떤 것이 더 있는지 말해 봅시다.

❋ 나는 안전한 행동을 하고 있는지 생각해 봅시다.

✿ 내가 실천하는 안전 행동에는 어떤 것이 있는지 말해 봅시다.

❋ 우리 가족은 안전을 위해 어떤 것을 하고 있는지 말해 봅시다.

질서 이야기

부모님과의 외출

선희는 부모님과 함께 아버지가 운전하는 차를 타고 외출을 했습니다. 차에서 안전띠를 매었습니다. 주차장에 차를 대고 횡단보도를 건널 때 신호등을 보고 어머니의 손을 잡고 건넜습니다.

식당에 들어가니 부모님과 함께 식사하러 온 아이가 이리저리 소란스럽게 돌아다니고 있었습니다. 선희는 식탁에 얌전하게 앉아서 맛있게 식사를 했습니다.

🍇 이야기를 읽고 난 느낌을 말해 봅시다.

효도

효도 란 무엇일까요?

부모님을 사랑하는 것입니다.
부모님을 자랑스럽게 생각하는 것입니다.
부모님 말씀을 잘 따르는 것입니다.
부모님을 기쁘게 하는 것입니다.

왜 효도를 해야 할까요?

나를 낳아주셨기 때문입니다.

나를 길러주시기 때문입니다.

나를 보살펴주시기 때문입니다.

나를 사랑하시기 때문입니다.

실천하기: 효도하는 행동에는 어떤 것이 있을까요?

실천하기 37

부모님의 은혜에 감사하는 마음을 가집니다.

💭 나는 잘하고 있는지 생각해 봅시다.

잘하고 있으며 앞으로 더욱 잘할 것입니다	
잘하고 있지 않지만 지금부터 잘할 것입니다	
앞으로도 잘하지 못할 것 같습니다	

실천하기 38

부모님께는 항상 씩씩하고 밝은 표정을 짓습니다.

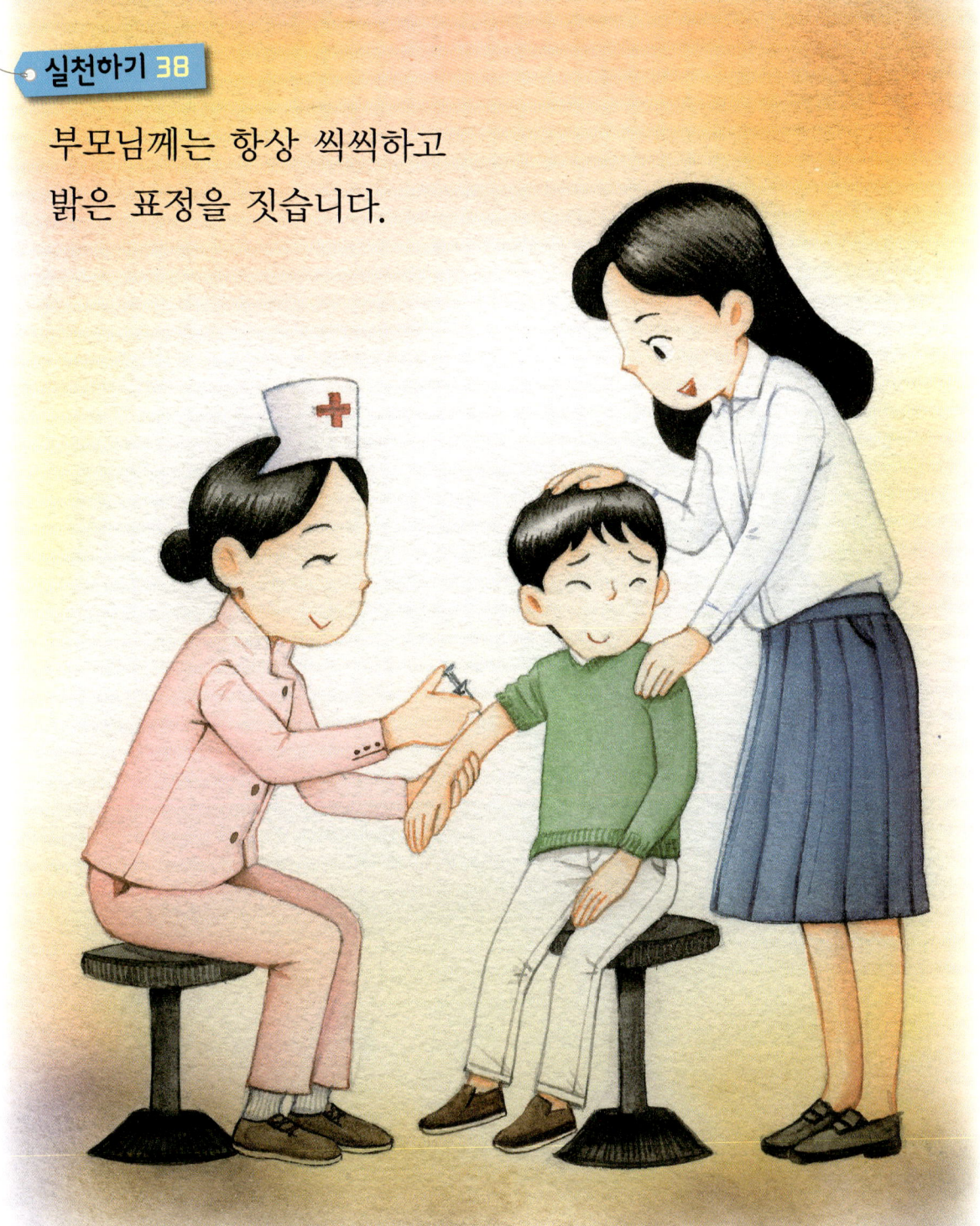

💭 나는 잘하고 있는지 생각해 봅시다.

잘하고 있으며 앞으로 더욱 잘할 것입니다	
잘하고 있지 않지만 지금부터 잘할 것입니다	
앞으로도 잘하지 못할 것 같습니다	

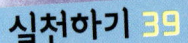
실천하기 39

부모님께 고운 말씨를 씁니다.

💜 나는 잘하고 있는지 생각해 봅시다.

잘하고 있으며 앞으로 더욱 잘할 것입니다	
잘하고 있지 않지만 지금부터 잘할 것입니다	
앞으로도 잘하지 못할 것 같습니다	

실천하기 40

부모님이 시키는 심부름을 잘합니다.

🍇 나는 잘하고 있는지 생각해 봅시다.

잘하고 있으며 앞으로 더욱 잘할 것입니다	
잘하고 있지 않지만 지금부터 잘할 것입니다	
앞으로도 잘하지 못할 것 같습니다	

> 실천하기 41

부모님께 인사를 잘합니다.

부모님이 아침에 일어나시면
"안녕히 주무셨어요?",
밤에 주무시러 갈 때는
"안녕히 주무세요" 하고 인사합니다.
부모님이 외출하실 때는 "잘 다녀오세요",
돌아오시면 "잘 다녀오셨어요?"
하면서 공손하게 인사합니다.
유치원이나 어린이집에 갈 때는
"잘 다녀오겠습니다", 돌아와서는
"잘 다녀왔습니다" 하고 인사합니다.

🍇 나는 잘하고 있는지 생각해 봅시다.

잘하고 있으며 앞으로 더욱 잘할 것입니다	
잘하고 있지 않지만 지금부터 잘할 것입니다	
앞으로도 잘하지 못할 것 같습니다	

실천하기 42

부모님께 유치원이나 어린이집에서 배운 것과 그날 있었던 일들에 대해 많은 대화를 합니다.

💜 나는 잘하고 있는지 생각해 봅시다.

잘하고 있으며 앞으로 더욱 잘할 것입니다	
잘하고 있지 않지만 지금부터 잘할 것입니다	
앞으로도 잘하지 못할 것 같습니다	

실천하기 43

친구 집에 가거나 물건을 사러 갈 때는 부모님께 알립니다.

🍇 나는 잘하고 있는지 생각해 봅시다.

잘하고 있으며 앞으로 더욱 잘할 것입니다	
잘하고 있지 않지만 지금부터 잘할 것입니다	
앞으로도 잘하지 못할 것 같습니다	

실천하기 44

부모님이 주시는 선물에 대해
감사드리면서 받습니다.

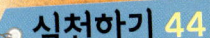

🍇 나는 잘하고 있는지 생각해 봅시다.

잘하고 있으며 앞으로 더욱 잘할 것입니다	
잘하고 있지 않지만 지금부터 잘할 것입니다	
앞으로도 잘하지 못할 것 같습니다	

실천하기 45

부모님 생일에 "생신을 축하합니다"라고 말합니다.
부모님 결혼기념일에 "결혼기념일을 축하합니다"라고 말합니다.

아버지의 생일은 언제인지 말해 봅시다.
어머니의 생일은 언제인지 말해 봅시다.
부모님의 결혼기념일은 언제인지 말해 봅시다.

🍇 나는 잘하고 있는지 생각해 봅시다.

잘하고 있으며 앞으로 더욱 잘할 것입니다	
잘하고 있지 않지만 지금부터 잘할 것입니다	
앞으로도 잘하지 못할 것 같습니다	

실천하기 46

내 생일에는 부모님께 "나를 낳아주셔서 감사합니다"라고 말합니다.
내 생일은 언제인지 말해 봅시다.

💜 나는 잘하고 있는지 생각해 봅시다.

잘하고 있으며 앞으로 더욱 잘할 것입니다	
잘하고 있지 않지만 지금부터 잘할 것입니다	
앞으로도 잘하지 못할 것 같습니다	

효도 109

실천하기 47

가끔씩 부모님께 "사랑합니다" 하면서 품에 안깁니다.

🌱 나는 잘하고 있는지 생각해 봅시다.

잘하고 있으며 앞으로 더욱 잘할 것입니다	
잘하고 있지 않지만 지금부터 잘할 것입니다	
앞으로도 잘하지 못할 것 같습니다	

실천하기 48

부모님을 자랑스럽게 생각합니다.

아버지에 대한 자랑거리를
말해 봅시다.
어머니에 대한 자랑거리를
말해 봅시다.

🍇 나는 잘하고 있는지 생각해 봅시다.

잘하고 있으며 앞으로 더욱 잘할 것입니다	
잘하고 있지 않지만 지금부터 잘할 것입니다	
앞으로도 잘하지 못할 것 같습니다	

실천하기 49

형제자매 간에 우애 있게 지냅니다.

🍇 나는 잘하고 있는지 생각해 봅시다.

잘하고 있으며 앞으로 더욱 잘할 것입니다	
잘하고 있지 않지만 지금부터 잘할 것입니다	
앞으로도 잘하지 못할 것 같습니다	

❀ 효도하는 행동에는 어떤 것이 더 있는지 말해 봅시다.

❀ 나는 효도를 실천하고 있는지 생각해 봅시다.

❀ 내가 실천한 효도를 말해 봅시다.

❀ 내가 앞으로 실천할 효도를 말해 봅시다.

효도 이야기

효도에 대한 공자 말씀

공자께서는 효도에 대하여 다음과 같이 말하였습니다.

"효도는 사람의 근본이다. 우리의 몸은 양팔, 양다리를 비롯하여 머리카락과 피부에 이르기까지 모두 부모로부터 받은 것이다. 그러니 이를 상하거나 다치지 않게 하는 것이 효도의 시작이다. 그렇게 하면서 바르게 행동하고 열심히 공부하여 커서 이름을 떨침으로써 부모님의 자식으로서 부모님을 빛나게 하는 것이 효도의 끝이니라."

 이야기를 읽고 난 느낌을 말해 봅시다.

예절

예절 이란 무엇일까요?

사람이 갖추어야 할 기본입니다.
가족이나 선생님이나 친구를 존중하는 것입니다.
자신을 조금 낮추는 것입니다.
말, 행동, 몸가짐에서 나타납니다.

왜 예절을 지켜야 할까요?

동물이 아닌 인간이기 때문입니다.

여러 사람이 함께 살아가기 때문입니다.

질서를 지키기 위함입니다.

착하고 훌륭한 사람이 됩니다.

내가 예절을 지켜야 상대방도 예절을 지킵니다.

상대방을 기쁘게 하여 나를 좋아하게 만듭니다.

어떻게 해야 예절 바른 사람이 될까요?

어릴 때부터 예절 바른 습관을 길들입니다.

예절 바른 사람을 본받아 몸에 익힙니다.

예절에 대한 책을 읽습니다.

공손하게 말합니다.

겸손하게 행동합니다.

단정한 몸가짐을 합니다.

실천하기

예절 바른 행동에는 어떤 것이 있을까요?

실천하기 50

대화할 때, 전화할 때, 인터넷에서 고운 말을 사용합니다.

🍇 나는 잘하고 있는지 생각해 봅시다.

잘하고 있으며 앞으로 더욱 잘할 것입니다	
잘하고 있지 않지만 지금부터 잘할 것입니다	
앞으로도 잘하지 못할 것 같습니다	

실천하기 51

인사를 잘하고 친절하게 행동합니다.

🍇 나는 잘하고 있는지 생각해 봅시다.

잘하고 있으며 앞으로 더욱 잘할 것입니다	
잘하고 있지 않지만 지금부터 잘할 것입니다	
앞으로도 잘하지 못할 것 같습니다	

실천하기 52

단정한 몸가짐을 합니다.

🍇 나는 잘하고 있는지 생각해 봅시다.

잘하고 있으며 앞으로 더욱 잘할 것입니다	
잘하고 있지 않지만 지금부터 잘할 것입니다	
앞으로도 잘하지 못할 것 같습니다	

● 실천하기 53

시간 약속과 말한 것에 대한
약속을 지킵니다.

🍇 나는 잘하고 있는지 생각해 봅시다.

잘하고 있으며 앞으로 더욱 잘할 것입니다	
잘하고 있지 않지만 지금부터 잘할 것입니다	
앞으로도 잘하지 못할 것 같습니다	

예절 이야기

예절 바른 아이

부모는 단비가 유치원에 입학하자 좋은 행동을 가르치기로 하고 솔선수범했습니다.

단비가 유치원으로 갈 때는 먼저 정중하게 인사를 하고 집으로 돌아오면 반갑게 인사를 하고 두 팔을 벌려 깊이 안아주고는 볼에 뽀뽀하며 사랑을 가르쳤습니다. 또 손님이 찾아오면 단비를 불러 인사를 시키고 간단한 심부름도 시켰습니다. 또 아버지는 단비에게 어려운 사람을 만나면 기쁜 마음으로 돕는 것을 가르쳤습니다.

그러던 어느 날 아버지와 단비가 밖에 나갔을 때 재활용 폐지를 손수레에 잔뜩 싣고 언덕길을 올라가는 할머니를 본 아버지는 뒤에서 힘껏 밀었습니다. 그러자 단비도 달려가 아버지 옆에서 여린 팔을 뻗어 손수레를 밀었습니다.

"아휴 덕분에 쉽게 올라왔네요. 고마워요."
할머니의 말에 아버지는 당연히 할 일을 했을 뿐인 듯 멋쩍어했습니다. 아버지가 인근에 있는 가게에서 빵과 우유를 사서 단비에게 주자 단비는 그것을 땀을 닦고 있는 할머니에게 얼른 내밀었습니다. 할머니는 흐뭇한 표정을 지으며 단비를 바라보고 말했습니다.
"애야, 고맙구나. 넌 참 착한 아이구나. 나중에 분명히 훌륭한 사람이 될 거야."
단비는 자라면서 더욱더 예절 바른 사람이 되었습니다.

🍇 이야기를 읽고 난 느낌을 말해 봅시다.

습관

습관 이란 무엇일까요?

반복적인 행동입니다.
저절로 이루어지는 행동입니다.
좋은 습관, 나쁜 습관이 있습니다.
나의 장래를 결정합니다.

왜 좋은 습관을 가져야 할까요?

좋은 생각을 할 수 있습니다.

좋은 행동을 할 수 있습니다.

훌륭한 사람이 될 수 있습니다.

앞으로 커서 하고 싶은 꿈을 이룰 수 있습니다.

좋은 습관을 어떻게 기르나요?

나쁜 습관의 행동을 하지 말아야 합니다.
좋은 습관을 기르겠다고 마음을 먹고 행동합니다.
좋은 습관의 행동을 반복해서 계속합니다.
좋은 습관의 행동이 자연스러워질 때까지 합니다.

실천하기 좋은 습관을 기르는 행동에는 어떤 것이 있나요?

◉ 실천하기 54

일찍 자고 일찍 일어납니다.

🍇 나는 잘하고 있는지 생각해 봅시다.

잘하고 있으며 앞으로 더욱 잘할 것입니다	
잘하고 있지 않지만 지금부터 잘할 것입니다	
앞으로도 잘하지 못할 것 같습니다	

실천하기 55

서 있을 때, 앉아 있을 때, 걸을 때 자세를 바르게 합니다.

🍇 나는 잘하고 있는지 생각해 봅시다.

잘하고 있으며 앞으로 더욱 잘할 것입니다	
잘하고 있지 않지만 지금부터 잘할 것입니다	
앞으로도 잘하지 못할 것 같습니다	

습관

실천하기 56

올바른 식사 습관을 가집니다.

바른 자세로 식사합니다.
음식을 골고루 꼭꼭 씹어서 먹습니다.
식사 후 먹은 그릇과 수저를 싱크대에 갖다 놓습니다.

🍇 나는 잘하고 있는지 생각해 봅시다.

잘하고 있으며 앞으로 더욱 잘할 것입니다	
잘하고 있지 않지만 지금부터 잘할 것입니다	
앞으로도 잘하지 못할 것 같습니다	

실천하기 5?

깨끗한 몸가짐을 합니다.

항상 몸을 깨끗이 씻고 양치질을 꼼꼼하게 합니다.
깨끗한 옷을 입습니다.

💜 나는 잘하고 있는지 생각해 봅시다.

잘하고 있으며 앞으로 더욱 잘할 것입니다	
잘하고 있지 않지만 지금부터 잘할 것입니다	
앞으로도 잘하지 못할 것 같습니다	

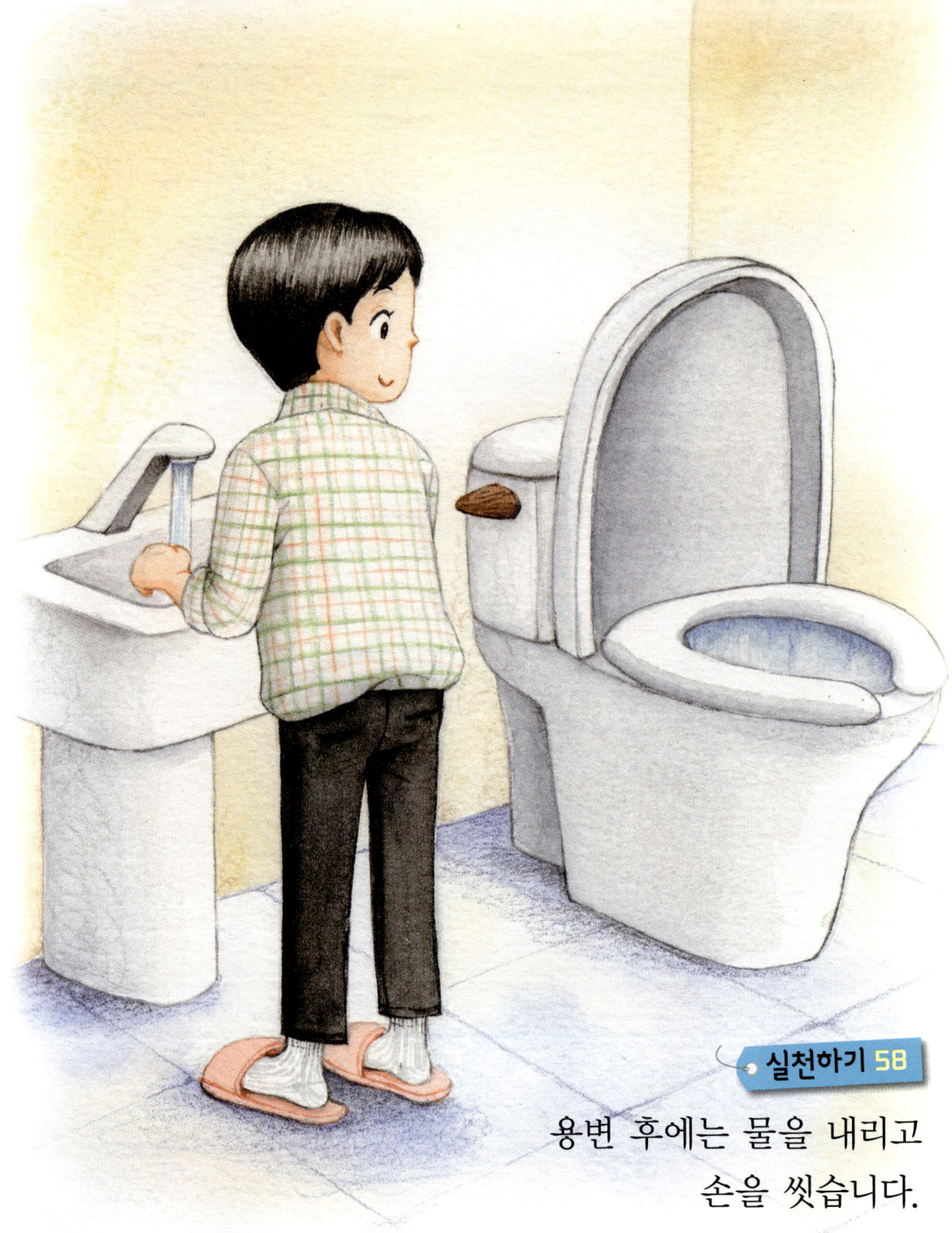

실천하기 58

용변 후에는 물을 내리고
손을 씻습니다.

💟 나는 잘하고 있는지 생각해 봅시다.

잘하고 있으며 앞으로 더욱 잘할 것입니다	
잘하고 있지 않지만 지금부터 잘할 것입니다	
앞으로도 잘하지 못할 것 같습니다	

실천하기 59

청소하고 물건을 제자리에 놓습니다.

내 이부자리는 내가 가지런히 정돈합니다.
내 방은 내가 청소합니다.
내 신발은 내가 가지런히 놓습니다.
내 옷을 제자리에 걸어놓습니다.

🍇 나는 잘하고 있는지 생각해 봅시다.

잘하고 있으며 앞으로 더욱 잘할 것입니다	
잘하고 있지 않지만 지금부터 잘할 것입니다	
앞으로도 잘하지 못할 것 같습니다	

습관

습관 이야기

네 그루의 나무뿌리

현명한 아버지가 어린 아들을 데리고 마당으로 데리고 나가 심어 놓은 네 그루의 나무를 차례로 뽑아보라고 했습니다.

아들은 갓 심어놓은 첫 번째 나무를 쉽게 뽑았습니다. 두 번째 나무는 심은 지 얼마 되지 않은 것이기 때문에 약간의 힘으로 뽑혔습니다. 세 번째 나무는 심은 지 조금 지난 나무여서 땀을 뻘뻘 흘리며 겨우 뽑았습니다.

그러나 네 번째 나무는 심은 지 오래되어 뿌리를 단단하게 내리고 있어서 온 힘을 쏟았으나 나무는 꿈쩍도 하지 않았습니다. 아버지도 팔을 걷어붙이고 함께 힘을 썼지만 마찬가지였습니다. 그때 아버지가 말했습니다.

"습관은 나무뿌리와 같은 거야. 오랜 습관은 깊은 뿌리를 내려서 그것을 바꾸기가 어려워. 좋은 습관은 살아가는 데 너무나도 중요해. 어릴 때의 습관은 훌륭한 사람이 되느냐, 되지 못하느냐를 좌우하지. 그러니 좋은 습관을 기르도록 해야겠지."

"네. 아버지! 나쁜 습관을 버리고 좋은 습관으로 바꾸도록 노력하겠습니다."

🍇 이야기를 읽고 난 느낌을 말해 봅시다.

인성 나라 여덟 천사

높은 하늘 구름 위, 인성 나라라는 아름다운 나라가 있었어요. 그곳에서는 여덟 명의 천사가 왕과 함께 살고 있었습니다.

인성 나라의 왕은 사람들이 사는 땅을 구경하는 것을 좋아했어요. 하지만 사람들이 서로 사랑하지 않고 욕심을 부리며 다투는 모습을 볼 때마다 마음이 아팠답니다.

그래서 인성 나라의 왕은 사람들이 행복해지기를 바라는 마음을 담아 선물을 내려주었어요.

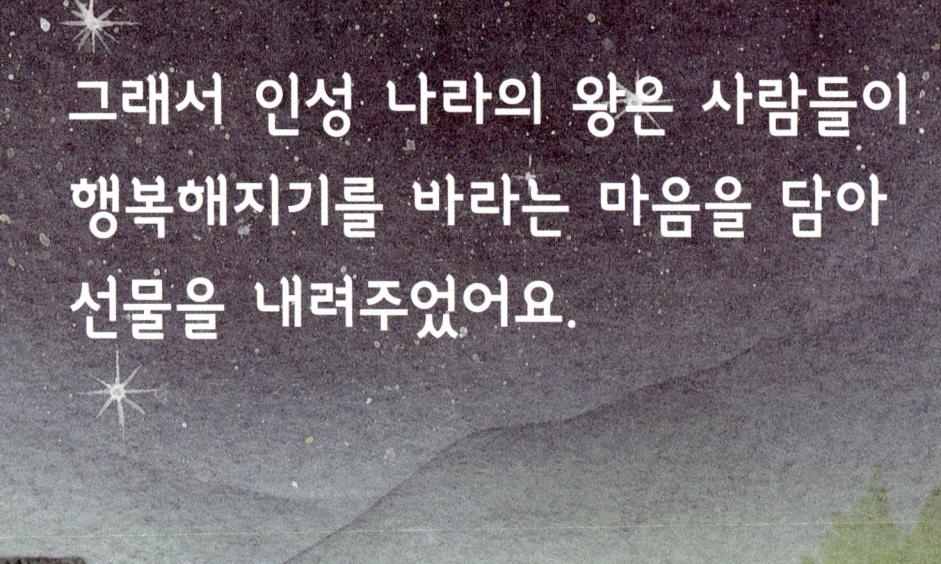

그 선물은 바로 마음에 사랑이 가득한 귀여운 아이였답니다. 왕은 천사들을 보내 아이가 잘 자랄 수 있도록 지켜주었어요.

여덟 천사는 자신이 가진 소중한 마음을 아이에게 전해주었어요. 아이는 천사들에게 배려와 존중, 협력, 나눔, 질서, 효도, 예절, 그리고 좋은 습관에 대해 배우며 자라났어요.

배려 천사는 아이가 다른 사람을 보살피고 도와주고 기쁘게 하는 행동을 가르쳐 주었어요. 사람들은 따뜻하고 착한 마음을 가진 아이를 보며 행복함을 느꼈어요.

존중 천사는 다른 사람에게 관심을 가지고 좋아하는 마음을 가르쳐주었어요.
아이는 피부색이 다른 친구들과도 친하게 지냈어요. 사람들은 마음이 따뜻해지는 것을 느꼈답니다.

협력 천사는 함께 힘을 합해
돕는 행동을 가르쳐주었어요.
협력을 통해 아이와 친구들은
서로를 보고 배우며
더 멋진 모습으로
자라날 수 있었답니다.

나눔 천사는 가진 것을 베푸는 행동을 가르쳐 주었어요. 자기 것을 나누어주는 아이를 보며 사람들은 감사하는 마음을 갖게 되었어요.

질서 천사는 사람들이 함께한 약속을 지키려는 마음을 주었어요. 아이는 친구들이 차례를 지킬 수 있도록 타이르고 조언해 주었어요. 친구들은 줄을 서면 더 안전하고 빠르다는 것을 알게 되었어요.

예절 천사는 상대방을 높이고 겸손하게 행동하는 방법을 가르쳐 주었답니다.
아이는 많은 사람에게서 사랑을 받았고 친구들은 아이를 따라 하기 시작했어요.

효도 천사는 부모님을 사랑하고 공경하는 마음을 주었어요. 아이는 용돈을 모아 아빠가 좋아하시는 딸기와 엄마가 좋아하시는 사과를 샀어요. 맛있게 드시고 즐거워하실 부모님 생각에 아이도 기뻤답니다.

습관 천사는 좋은 행동이 몸에 익숙해지도록 도와주었어요. 아이는 항상 주변을 깔끔하게 정리했어요.

아이가 다녀간 곳은 늘 깨끗했답니다.
사람들은 아이를 점점 더 사랑하게 되었어요.

많은 사람이 아이를 칭찬했고 이제는
아이를 모르는 사람이 없었어요.
아이가 하는 착한 행동들은 구름 위의
인성 나라까지 전해졌답니다.

아이의 착한 일들을 들은 인성 나라의 왕은 아이를 칭찬해주기 위해 직접 땅으로 내려왔어요.

천사들은 나팔을 불며 아이의 목에
꽃 화환을 걸어주었답니다.

177

세상에 인성 나라의 아름다운 마음을 전해준 아이는 천사들과 함께 인성나라로 돌아갔어요. 하지만 아이가 전해준 마음은 여기에 남아 오늘도 세상을 아름답게 만들어주고 있답니다.